눈은 어머니를 꿈꾸며 지상에 내려왔을까?

문학들 시인선 023

최승권 시집

눈은 어머니를 꿈꾸며 지상에 내려왔을까?

문학들

시인의 말

서정은 영원하다.
남도는 무궁하다.
남도 서정은 영원히 꺼지지 않을 세계의 불꽃이다.

그리하여
이 시집을 남도의 서정 시인들께 바친다.

아내 은, 딸 가족, 6형제 자매, 부모님, 금시우…
온갖 생명으로 넘치는 우리 남도를 함께 노래하며 살고 싶다.

최승권

차례

5   시인의 말

제1부 나에게도 예쁜 명자 씨가 있다

15   민들레의 말씀
16   낳다와 열리다
18   나에게도 예쁜 명자 씨가 있다
19   가을 충전
20   탱자의 인생
22   꽃이 시방
23   조도미장원
24   푸른 간장 – 산빛에게
27   잔잔 주소
28   옥수수와 자두의 혁명
30   모과꽃
32   푸른 도보다리
34   개두릅나물무침
36   육십
37   동탄역 랩소디

제2부 어머니, 팥죽 한 그릇 드실래요

41   군자란도君子蘭圖 – 어머니 1
42   설레임 – 어머니 2
43   동짓날이었던가 – 어머니 3
44   등교登校 – 어머니 4
46   무릎 파스 – 어머니 5
48   눈사람과 나 – 어머니 6
50   능소화 통신 – 어머니 7
51   노란 판탈롱 바지야 – 어머니 8
54   돈치기 이야기 – 어머니 9
57   팥죽 한 그릇 – 어머니 10
59   도시락 – 어머니 11
61   쥐눈이콩 – 어머니 12

제3부 아버지의 라디오

65	아버지 1 – 좌표 구하기
66	아버지 2 – 수박왕
68	아버지 3 – 자전차 구급대
70	아버지 4 – 태양을 쏘다
71	아버지 5 – 구구단을 외자
73	아버지 6 – 막걸리를 위한 변명
75	아버지 7 – 사랑이란
76	아버지 8 – 부저소리
78	아버지 9 – 도구의 가난
79	아버지 10 – 육회
81	아버지 11 – 라디오 연분
83	아버지 12 – 복인福人

제4부 섬진강 가에 벚꽃은 피었으나

89　　산 수유須臾 열매

90　　벚꽃 싸이렌

91　　섬진강 가에 벚꽃은 피었으나

92　　애호박찌개

93　　무정식당 살구나무

94　　지거재智居齋 일박

96　　가래 5형제

98　　살구나무 순례자를 위하여

100　　목화식당 생각

101　　속초 바다

102　　소돌 바다

제5부 곶자왈 숲에 스미다

107 두모악

108 각재기국

109 정방폭포

110 곶자왈 숲길을 걸어보셨나요?

112 303호실의 바다 – '제이팜'에서

114 가파도와 마라도

116 땅콩아이스크림

117 서귀포를 바라보며

118 추사관 앞에서

120 무태장어

125 **발문** 모국어의 따스한 질감 속에 스민 우리 시대의 자화상 _ 곽저구

제1부

나에게도 예쁜 명자 씨가 있다

민들레의 말씀

어떻게 하다 보니

수채통 옆집에 세 들어 살아도

고개는 바싹 들고 할 말은 하고 삽니다.

빗방울만 몇 떨어진다면

물곰팡이 피는 시간도 구부려서

작고 노란 태양으로 한껏 펼쳐낼 수 있습니다.

낳다와 열리다

산포 작은댁 맨드라미 꽃벼슬 암탉은
신새벽 높다란 대나무 횃대에 올라
세 번이나 목청을 칼칼하게 돋우어서
동녘 하늘을 불그레레 낳는다

아따, 아침이 왔부러당께에~!

그 통에
장작불에 뜨뜻했던 솜이부자리가 열리고
정제의 부뚜막이 무쇠솥 수증기로 푸웃! 열리고
들녘의 어둠을 막아선 사립문짝이 열리고
골목 끝까지 작은 들창문들이 스르륵 열리고
싸리닭장문이 살금살금 열리고
작은 대소쿠리에 달걀이 졸랑졸랑 열리고
노오란 노른자를 쏘옥 넘기는
작은댁 큰형의 목구멍이 대문보다 더 크게 열렸다

아침마다 햇노랑 무등은
달걀 모양의 탱글탱글한 태양을 낳고

태양은 보드레레한 산포 작은댁을 낳고
 산포 작은댁은 방학 때마다 어린 나를 다시 둥그렇게 낳
았다

나에게도 예쁜 명자 씨가 있다

요로코롬 부끄럼을 탈 줄은 몰랐다
그럴 줄 알았으면 어제 원두커피라도 사주며
홀로 수줍어하는 얼굴빛을 슬몃 바라볼 건데

오늘은 아침에 뭐라 말을 거나?
뜨락 오가며 하루 종일 썸 타지 말고
아아, 그냥, 좋으면 좋다고 말을 해버릴걸

* 명자꽃 : 장미과에 속한 낙엽관목의 분홍, 적색, 담홍색의 꽃.

가을 충전

가을 햇볕 빤질한 평상 자리
별빛 돋는 자작나무 창가

뚜르르 뚜르르
아내와 교신하는 녀석

아내의 심장은 가을을 충전하고 있습니다
엔젤 트럼펫꽃 같은 귀를 활짝 열어서

으흠, 여기가 음악 천국이네…

아내는 이름처럼 은목서 향기를 마냥 좋아합니다
쓰르람, 쓰르람, 또르람, 또르람, 밀당하면서

탱자의 인생

봄날의 여린 숨 흰꽃으로 만났지
천둥 벼락은 강아지풀처럼 간지러웠어
땅의 푸른 숨결들이
여기저기 하나 둘 셋 맺힐 때
향기를 담아 비눗방울로 부풀어 올랐어
곧바로 하늘로 날아갈 듯했지만
누군가 붙잡고 놓아주지 않았어
억센 가지의 악력을 벗어나려면
그보다 더 강해야 하는데
튕겨나가려고 애쓰다 애쓰다
하늘이 노래지고 얼굴도 노래졌을거야
빙 둘러보니 다섯이나 형제처럼 그러고 있었지
가시 같은 눈썹을 곤추세우면서
거친 손에 구르다 터지거나
책상 위 작은 접시에서 육탈해가거나
유리술병 속에 들어가 결가부좌하더라도
이 생을 후회하진 않을 거야
그게 조금이더라도
그게 잠시라도

누군가에게 희망의 노랑 열매가 되는 일이라면
큼큼거리며 기쁨의 한순간을 찾는 일이라면

꽃이 시방

담장 옆 왕벚꽃은 시방 반만 피어 있네

나도 반달처럼 눈을 뜨고 쳐다보았지

그것만으로도 그의 황홀한 미사여구에

오래된 마음의 쪽문을 모두 열어두고 싶었어

새벽마다 향기롭게 꽃의 눈물을 숙명처럼 부리로 닦는 밀화부리야

조도미장원

쑥 톳 미역 우럭 장애 간재미 하네들이

몸뻬 다리를 꼬고 바다를 보며 한나절 나란히 앉아 머리를 푸르게 말고 있다.

여긔 오문 시상 엄니들 야그 다 돌돌 말려서 빠마된당께라우

고구마 한 솥 나눠 먹은 노을 속 검은 날개 새 떼들은

흐린 유리창 밖 구불구불한 파도를 이고 주름진 고샅길을 잘도 넘어간다.

푸른 간장
- 산빛에게

1.
짜게 물었다.
꽉 찬 강냉이 이빨로 푸르게 물었다.

서울하고도 마포 대흥동 허름한 까페에서
앉자마자 내 친구를 얼마나 사랑하느냐
30년 지기 나보다 더 잘할 자신 없으면
데려갈 생각 콩알만큼도 하지 말라.

간 보는 줄 알고 피식 칠팔월 물외를 떠올렸다.
초간장이 살짝 뿌려진 무례를 생각했다.

간절함이 없었으면 찡그리고 말았을까,
아끼는 동무는 말 없는 미륵의 얼굴

2.
밥상 위 푸른 간장 속에는
낮이면 콩밭 매는 무지랭이 아낙 하나 살고 있다.

늦저녁이면 마실 나온 동네 엄니들과
뒤란 평상에서 둥글한 풋콩 같은 달을 키우는

도란도란 수다가 넝쿨스럽게 자랄 무렵
담장 밑 수국꽃이 푸르스름하게도 벌어지는데

지치지도 않았다. 힘들지도 않았다.
갑상선이 부어올라도 밭일을 줄이지 않았다.

여그저그 보내고 나면 내 것은 별것 없어야.
받을 사람 얼굴 생각하면 내가 그냥 기뻐 죽겄어.
힘든 것이사 뭐 내놓을 자랑도 아니제.

3.
산빛은 거절했다.
세상의, 인공의 맛을, 치료를
몸 아픈 것도 자연의 이치이리니…
갓지어 놓은 산속 집 한 채 남기고
금 간 사발 같은 허름한 죽음을 받아들였다.

그녀의 순정한 오기로 담아오던 간장은,
스스로 늘상 개미가 부족타던 간장은,
여기저기 흘러나온 눈고랑 눈물들이 메말라 붙고 보타져서
드디어 막사발 한 종지의 푸른 간장이 되었다.

밥상 위에 놓인 깊은 우물의 그녀,
오늘 저녁 콩밭 들녘이 그믐달도 없이 통째로 파리하다.

잔잔 주소

초여름비가 잎새에 연초록빛으로 튈 때
달군 콩기름 속에서 칠게가 화들짝 펄쩍 뛰고
막걸리통도 술상 위에서 통통통 뛰지요.

어이, 여그 잔잔 주소

찰랑찰랑 넘치는 해창만의 보리쌀뜬물 같은 바다
저기 수평선 너머에 노랑 게발 하나 걸쳐 있습니다.
내 젓가락 다리 비스듬히 모으고 배불리 누워 있습니다.

하령 아빠씨, 오늘 저녁 설거지 잔 해 봐요.

옥수수와 자두의 혁명

차진 옥수수를 쪄 오셨지.
동료 어머님께서 학년 담임들에게 응원차 보내주셨네.
염려가 단맛 든 붉은 자두도 한 소쿠리였지.

가뭄인데도 옥수수알은 가지런
삼베옷 입고 웃고 있는 가족사진 속 어머님의 치아처럼

저수지 바닥마저 오래된 유물처럼 쩍쩍 닳아서
세상이 이제 제대로 징벌을 받는구나 할 때도
 남을 생각하는 옥수수 뿌리는 말라비틀어지지 않았구나 싶었고
 자두는 매꼬롬한 인정의 껍질을 키우고 있었구나 싶었네

나도
누군가 가뭄 들어
몇 안 되는 뿌리마저 발가락뼈처럼 도드라져 보일 때
맑은 시암물 같은 마음을 촬촬촬 뿌리며
선뜻 헐어내주는 어머니의 깊은 예의를 배우고 싶네

새 샘물 돋아오르는 그 잠깐만이라도
정녕코 누군가의 검은 눈을 반짝이게 할
옥수수와 자두의 소리 없는 다수운 혁명을!

모과꽃

딸이 셋인 양림동 최씨네 기와집 마당에
있는 듯 없는 듯 꽃이 하나 피어 있었네

흰 두루마기 어린 동생을 앉혀놓고
세 누이는 한 뼘 머리를 풀었다 묶었다
풍로에 달군 젓가락으로 볶았다 그리고

미제 악수표 밀가루 수제비 잔뜩 끓여
저녁으로 한 양푼씩 먹고 자다
나는 이부자리에 지린내 지도를 물큰하게 그렸지

옆집 눈이 매운 아줌씨 집에 가서
대나무 키를 쓰고 부지깽이질과 소금 세례 처맞으며
엉엉 울고 고샅길 돌아 들어올 때
큰누이는 피식 웃으면서도 내 눈물을 소매 끝으로 닦아 주었네

나 밀까이죽 안 묵어! 목 부은 볼멘소리 할 때
두루마기 아기씨 우리 두루마기 아기씨

둘째 누이는 눈웃음으로 실컷 달래주었고

어느 봄날은 햇볕 드는 나무 창가에서
영랑시선의 '모란이 피기까지는'을 읽다
흰 컬러 교복의 여고생 막내누이와 같이 울먹였지

이 광경을 있는 듯 없는 듯
말없이 쳐다보고 있었던 모과꽃

가끔은 울타리 옆에 서서 밖을 보다
까닭 없이 수줍어 볼이 살그레 붉어지던 누이꽃

오십 년도 다 지난 며칠 전
광주천변 노을길을 걷다 만난 작은 살분홍꽃
무등 햇빛이 사알짝 그리움을 물들이고 간
모과꽃, 세 누님꽃

푸른 도보다리

그날부터 모두 다시 모이기 시작했어

백두산 묘향산 개마고원 금강산이
한라산 무등산 세석평전 설악산과 함께

남남되어 돌아섰다가,
북북되어 누웠다가,
남남북북 남남북녀 되어
서로 얼굴 마주 보고 웃으며 앉아 있었어

다수운 남풍은 보리누름 때처럼 불어오고
선선한 북풍은 어깨동무하고 밀려오는데

꿩 방울새 청딱따구리 되지빠귀 소쩍새
섬휘파람새 오색딱따구리 알락할미새 박새
직박구리 멧비둘기 붉은머리오목눈이

이리이리 저리저리 낭구들 사이 날아다니다가
말없이 두 눈 동글동글 굴리며 귀 쫑긋하고

푸른 도보다리 위를 거닐다가 앉았다 하는
두 남정네의 밀담을 오랫동안 귀에 담아두었어

내래 거저 아바이말만 믿갔서
맥지 이캐놨스니 단디 해라이*

그 소리 메아리 되어 솔숲을 흔들어 깨울 때
새들은 저마다 목소리를 갈청처럼 가다듬고
서로를 위해 익숙한 노래를 합창으로 부르기 시작했어

쪼르롱 쪼르롱 휘익 휘익 꿔엉꿩
비비빗 배쪼로로 비빗 쪼로로

* 보기 좋게 이렇게 해놓았으니 제대로 하거라.

개두릅나물무침

남편 생일이랍시고
아내는 심심산골 밭에서
계곡 물소리에 초록머리 감고 나타난
남녘 개두릅 한 상자를 택배하였는데

아, 글씨
봄시인에겐 이만한 것이 어디 있겠능가요?
호호홋!

한참 제 엄니 솜씨 빙의해서
다듬고 데치고 찬물에 옴싹 씻기더니
막걸리식초에 찰고추장, 다진 마늘을 개고
종당에는 통깨에 참지름 돌돌 몇 방울 사알살

아, 그때 말이시
그을음 천지 정지 문창살 틈으로 넘어들어온 햇빛마냥
침 잴잴 흘리고 서서 땅바닥 긁는 독구 개발톱소리마냥
지나가다 시콤달콤고소함에 끌려 고개 쫑긋거리는 봄바
람마냥

개두릅나물무침에 내 목울대는 바짝 조여들고

　소파에서 시집 읽는 척 딴청 부리며 식탁 주변을 살피는데
　오메, 아내는 진즉 내 대신 천상의 시인이 되어부렀네요

　아, 젠장. 여린 가시 향긋 돋는 다음 봄날 생일에는
　한두 해 묵힌 된장이나 쪼까 버무릴 수 있을랑가,
　개두릅나물무침 같은 말맛이나 낼 수 있을랑가 모르겠네.

육십

눈 내리잖는 대설 저녁에
몇 번이나 추억처럼 데워 먹은
먹갈치조림을 식탁에 양은남비째 올려놓고
흐물거려 형체도 더 알아보기 힘든
한 덩이 무 조각을 들었다 놓았다 하다
반쯤만 나무젓갈로 갈라서
마른 제 갈빗대처럼 딱딱하게 굳어가는
한 숟가락 흰 밥덩이 위에 올려놓고
엉거주춤 앉아서 녹슨 입을 벌리다가
멜급시* 사내가 짭쪼름하게 울고 있었네.

* '까닭 없이'의 전라도 말.

동탄역 랩소디

이번에 내리실 역은 동탄, 동탄역입니다
앞차와의 간격을 위해 서행하여
6분, 6분이 늦어 손님 여러분께 죄송합니다

속도를 생명으로 삼는 고속열차에서
간격을 위해 서행하다니!

초고속질주 중인 이 목숨열차도
"하느님, 너무 빨라서 죄송합니다"를 안내 방송 하고 싶습니다.

제2부

어머니, 팥죽 한 그릇 드실래요

군자란도 君子蘭圖
- 어머니 1

올 봄도 열심으로 피웠네.
담홍빛 볼우물 깊게도 피우셨네.

봉선동 이사올 적 보내오신
쪼글하고 다사로운 웃음꽃.

아이 막둥아, 군자란이 피면 참말로 이뻐야!
오메. 그러지라. 엄니 탁해 마냥 고웁지라.

거기 한 분 소롯하니 보고 앉아 계시던가,
딸네 양달받이에 꽃대 세우며 나도 글썽 앉아 있겠네.

설레임
– 어머니 2

대청마루 위의 대추나무
대추나무 위의 잎삭구름
잎삭구름 속의 온달미소

내일 모레 기다리면 한가위

온갖 간난에도 저절로 뛰는 구릿빛 심장 소리
아, 뭇별들이 다시 대청 위로 뛰어 들어오는 소리

엄니, 송편이 겁나 이쁘네요
엄니, 솔찬히 맛나게 생겼네요

니도 보름달 같은 이쁜 각시 얻으려면
송편 잘 빚는 여자 잘 찾아봐야 한다이잉

울 엄마 멩키로!

동짓날이었던가
– 어머니 3

남동 새벽 정제는 바빴지
누이들의 손놀림도 둥글게 재재발랐지

간밤 늦저녁 새알심을
대청마루 위 공깃돌 놀리듯 돌리곤 하였지.

그때마다 옹기종기 둘러 앉은
우리들 손바닥에서 하얀 알밤이 자꾸 돋아나왔어.

나무 주걱으로
무쇠솥 밑바닥 팥앙금을 살살 저으니
거기서도 하얀 달밤이 스스륵 걸어 나왔지

엄니의 웃음도 볼우물에서 흐벅하게
"악아, 정제 옆 장꽝에 가서 얼음 낀 동치미 한 그륵 떠 오렴."

묵은 긴 밤은 대문 담벼락에 붉게 뿌려지고
아침 태양은 무등의 굵은 어깨에서 새시로 빛났지.

등교登校
– 어머니 4

몇 리를 걸었는지 모른다

보자기 책보를 옆에 끼고 가는 기름집 아이
책은 없고 고구마만 몇 개 담고 가는 대서소 아이
왼가슴에 콧물손수건 매달고 가는 방앗간 아이
가다 도랑에서 물장난 치다 옷이 젖은 세탁소 아이
장다리꽃 나비에 홀려 학교 가는 걸 잊은 목공소 아이
가갸거겨 겨우 떼어 한글 더듬더듬 읽는 철물점 아이
구구단을 7단까지 외우고 신나 하는 포목점 아이
언니 누나 손잡고 가며 싱글싱글 웃던 약방집 아이
새털구름 파란 하늘로 날아가고 싶던 농약사집 아이

오늘은 월사금*이고 뭐고
그냥 학교에 가는 거다.

교실 가면 호동그란 아이들이 많다
파스름하게 똑 닮은 까까머리들 사이에서
울려나오는 다정하고 익숙한 지청구 소리

악아, 해찰하지 말고 선상님 말씀 잘 듣고 오니라!

오늘도 해찰하지 않고 학교 출근 잘하고 있습니다, 어머니.

* 매월 내야 하는 학교의 납입금.

무릎 파스
– 어머니 5

막둥아, 비 올랑갑다
장꽝에 빨래 걷어오니라

기상청 예보보다
늘 무릎에 먼저 도착하는 비

물걸레 치다
돌계단 오르다

무릎뼈 부딪히는 소리만 남고
고약한 신신파스 냄새만 남고
예보 아닌 예보로만 남기고
저기압 등고선 저 너머로
영영 닳아 없어진 어머니의 무릎

뼈주사 한 번 맞고 싶다던
친구 누구는 무릎 수술 했다던 말씀을
나이 육십에 이르러서야 알아채게 되었네,
어머니의 무릎이 내게도 그늘처럼 숨어 있음을

하령아, 비 올랑갑다
우산 갖고 나가거라잉!

눈사람과 나
– 어머니 6

눈은 어머니를 꿈꾸며 지상에 내려왔을까?

장독대에도 나뭇가지에도
갓 핀 매꽃에도 송이송이 맺혀 있다가
하얀 열정들이 쌓여서 더욱 싸늘해지면
모두들 이때쯤이다 싶게 길 한 모퉁이에
구름할멈 모자에 목도리 두르고 흐뭇하게 웃으며 서 있다.
웃다가 웃다가 슬픈 제 몸 녹아서 흥건한 기쁨으로 흐르더라도
골목마다 아이들의 작고 여린 노루 발자국들을 남겨 두었다.

숯검댕칠한 눈을 살그마니 감으며 묻는다.
초승달 지는 새벽부터 대낮까지 처마 끝에서
한 방울 한 방울 떨어지는 처연함으로 매달릴 수 있겠느냐
그러겠노라며 건성건성 대답했지만
멈추지 않는 속 깊은 눈발 속에서

발이 오랫동안 쩍어쩍 얼어붙으면서도
턱조차 덜덜 떨리지 않는 속 깊은 그녀를 이길 수는 없었다.

어머니는, 저는 어떤 눈사람을 꿈꾸며 내려왔을까요?

능소화 통신
– 어머니 7

어머니는
흙바람 이는 돌담벼락 모퉁이길에서
하냥 기다리는 이유도 밝히지 않고
자석들 돌아올 허기의 초저녁을 위해
담홍빛 손전등 여럿을 벙글어 매달아 놓으셨지요.

악아, 살다 보니 시상에 골목이 이렇게 환한 날도 다 있서야.

어머니,
식구들이 돌아와서 아랫목에서 놋주발 밥그릇을 찾고 있을 때
십 촉 바깥꽃등을 노을 누운 저녁바다처럼 끄셨지요.

오메, 엄니 그때 맴이 어찌했스까요?
누추하지만 은근하게 서 있던 어스름 정제문 앞에서

노란 판탈롱 바지야
– 어머니 8

하교 후 해거름 무렵 갑작스레 시장을 같이 가자셨다.
나는 배추거리 떨이나 사러 가겠거니 하고
플라스틱 시장바구니 짐이나 들어줄 요량으로 따라나섰다.

금동시장 어물전 지나 옷가게에 들어서는데
아줌씨들이 대목에 옷을 팔려고 그러는지

오메, 지비는 좋겠소. 아들이 영판 잘 생겼소.
우리 집 막둥이여라. 서석국민핵교 5학년 댕겨라우.

목소리에 잔뜩 힘이 들어간 엄니는 단골 옷집에 들어서더니
니 맘에 든 바지 하나 골라보니라. 추석 때 입고 차례 지내게.

내 눈에는 지금껏 입은 바지들은 눈에 들어오지도 않았다.
남진이 입고 저 푸른 초원 위에로 광주대공원 특설무대

를 휩쓸었던

  그 모양의 바지들 몇 개가 좌대에 입소문처럼 누의 있었는데

  바지 옆 술은 없지만 바람에 날릴 듯한 노란 판타롱 바지를 추켜드니
  옷집 아짐도 짐짓 놀라고, 엄니도 덩달아 눈을 동그랗게 떠서 쳐다보았지만

  이게 젤 입고 싶어요. 멋있는 노랑 단풍잎 색깔이잖아요.

  작은형은 작년과 비슷한 모양의 바지에 싫지 않은 티를 내며,
  승궈니는 꼭 가시내 옷 같은 걸 사 왔네.

  비아냥이 깊어갈수록 나는 흐뭇한 미소를 감추며
  그 가을 단풍 든 은행잎 빛깔을 골목마다 누비며 광을 냈다.

남진이 대세였으니까, 판탈롱에 뻑가던 저 푸른 초원의 시절이었으니까.

돈치기 이야기
– 어머니 9

국민학교 2학년 때의 일입니다.

어머니께서 양동 큰시장 가려고 이불장 안 깊이 넣어둔
수놓은 돈지갑의 50원* 지폐 한 장이 사라진 날이었습니다.

학교 끝나고 숙제하느라 골목 친구들의 유혹에도
집 밖을 나가지 않았던 나는 있는지도 모르는
그 해당화 꽃무늬 지갑을 혼자 지키는 셈이 되었습니다.
해거름 되기 두어 시간 전 어머니는 지갑 속 돈을 찾았지만
흔적도 없어서 이 소란의 범인은 저여야 했습니다.

어머니께서 짚불 타듯 그렇게 성내시는 것을 처음 보았습니다.
"이 못돼 먹은 자식아, 벌써부터 이러면 커서 뭐가 될래?
바늘도둑이 소도둑 된다는데, 아이고 내가 어째 너를 낳았다냐?"
여기저기 회초리로 두들겨 맞고 제 두 손을 잡고 마주

처대도 하나도 안 아팠습니다.
 아무리 아니라고 무고함을 말해도 소용없는 일이었습니다.

 정답던 세 누님들의 날선 지청구 소리도 매서웠지만
 내력 없이 누명 받는 사실만이 저를 더 괴롭힐 뿐이었습니다.

 한참 뒤 저녁에 작은형이 돌아와 추궁했지만 극구 부인했습니다.
 외려 집에 혼자 있었던 녀석이 범인이라며 목소리를 높였습니다.
 맨날 골목 안쪽 끝에서 돈치기하는 작은형이 의심스럽다 말을 뱉었지만
 "니는 날이면 날마다 동네 만화방에 가서 살잖아!"
 질 나쁜 동생이 착실한 형에게 누명이나 씌운다는 의심은
 저를 과녁으로 하여 다시 죄를 확인하여 쏘는 화살로 날아왔습니다.

십 년도 한참 더 지나 대학생 때 용기를 내서 어머니에게 그 얘기를 했지만
잘 기억도 못 하시고, 제 말을 믿어주지 않는 눈치였습니다.
저는 다듬이돌 위에 놓아둔 풀 먹인 무명 이불천감에
손아귀에 물집이 잡힐 때까지 서툰 방망이질을 할 뿐이었습니다.

차라리 숙제 안 하고 만화방에서 이근철 2차대전 전쟁만화 보든지
형 따라다니며 엄마 몰래 짤짤이 돈치기나 열심히 할 껄!
그러나 어린 후회는 무죄의 무게를 한 푼도 인정받을 수 없었습니다.

* 당시 50원은 대략 요즘 5만 원 정도 하는 돈 가치로 추정된다.

팥죽 한 그릇
– 어머니 10

길고 긴 오후의 천변길이었다.
가을 땡볕은 스스로를 태우고도 남았다.

추석 차례상에 올릴 제수품들을 사기 위해
엄니는 나를 대동하고 장길을 나섰다.

니가 있승게 오늘은 좀 더 사가야겠다.

 양동 큰시장 포장 친 어물전에서는
 홍어, 낙지, 오징어, 조기, 부세, 북어, 병어가 비리게 들썩거렸고
 채소전에서는 배추, 무, 쪽파, 당근, 홍고추가 실팍하게 자리를 잡았다.

 팔은 점차 구운 오징어 다리처럼 오므라들고
 배는 점점 뱃고동치며 허기의 파도가 높이 치는데

한 모퉁이를 지나자
찐 옥수수, 온갖 떡들의 구수한 냄새에 참기름 냄새까지

아아, 엄니는 청맹과니처럼 싸전에 들러
찹쌀 한 되, 올벼쌀 반 되를 더 올리고

치맛 속 지갑이 텅 빈 공허를 알려줄 무렵에야
나무의자에 앉아 10원짜리 동전 몇 닢의 힘을 느끼게 하였다.

아짐, 여그 밀가루 팥죽 두 그륵 주씨요!
소금 대신 뉴슈가 살살 뿌린 팥죽은 맛의 신세계였다.
따그락 따그락 그릇 바닥 긁는 소리를 듣고서 엄니는

인자 힘내서 부지런히 돌아가자. 곧 있으면 해 지게 생겼다.

엄니, 인자 큰장 안 가요?
뜨끈한 팥죽 한 그륵 먹고 잡네요.

지금껏 말씀이 없으시다.

도시락
– 어머니 11

새벽 4시에 일어나 정화수를 부뚜막에 떠놓고
뭐라뭐라 들릴 듯 말 듯한 비나리를 외셨다.

고등학교 진학을 하니 싸갈 도시락이 두 개였다.
사각 양은도시락 안의 반찬통은 가방과 함께 달그락거려
교과서에 김칫국물이 붉은 지도를 매콤하게 그려주었다.

오메, 엄니 제발 김치 좀 싸지 말라고요!
그럼 한국 사람이 김치 안 먹으면 누가 먹는다냐?

그러다 콩자반 멸치볶음 쥐치껍질무침 김자반에
계란 후라이 하나 밥 속 깊이 와불처럼 누워 있으면
그날은 내 생일날이거나 대한독립 만세의 날이었다.

아침마다 싸줄 도시락은 아들 딸의 여섯 개,
날마다 똑같지 않은 반찬을 마련하느라 머리가 다 셌을 것인데

어머니는 무슨 요량으로 그 많은 도시락과 반찬을 만드셨을까

 아, 그날의 도시락 반찬통 한쪽은 하얀 고래기 같은 근심이
 다른 한쪽은 멸치젓같이 짭짤한 한숨이 들어 있었던 것일까
 김칫국물이 번진 교과서의 어머니만큼 나이를 넘어버린 아들과 딸은
 바랜 금빛 도시락 두 개의 탄생 비밀을 지금은 속 시원히 알게 되었을까?

쥐눈이콩
– 어머니 12

어둠 속에서

쌀통 밑으로 나가떨어진

검정 콩알 하나가

보일락,

말락,

쥐눈으로 봐야 보인다

저게 빅뱅이었다고?

그라제, 쥐띠 막둥이 니 엄니야

제3부

아버지의 라디오

아버지 1
– 좌표 구하기

스스로 황금빛 왕궁을 세우셨고

스스로 어둠의 제국을 불러들이셨다.

날마다 가문을 지켜온 영광의 위도와

오랜 생계 위기의 경도 속에서

생의 자오선을 삐툴빼툴 힘겹게 잡으셨다.

아버지 2
– 수박왕

아버지는 한때 수박 농사꾼이셨지요.
외가댁에서 어머니가 빚을 내와 세운 털셔츠 공장도 다 태워 먹고,
곡성 석곡까지 다니며 돼지중개상 하더니
그도 재밀 못 보아 살림살이가 식은 시래기죽 같았지요.

이도 저도 안 풀려 일가친척의 말을 듣고 수박 농사를 시작하여
바지런히 봄 아침마다 물지게 져 나르고 겨우내 사서 모은 닭똥 거름 주었더니
일생일대 세상에서 가장 크고 달디 단 설탕 수박이 열리는 보람을 거두었지요.

다음 해는 대통령에게 왕수박을 진상했다며 자랑 아닌 자랑을 하며
드넓은 수박밭에 원두막 두 채를 높이 세워 우리에게 망을 보라 하셨고
그 덕에 꽃뱀이 원두막 사다리 타고 올라오는 기겁을 배웠고

영암 바다가 멀리서 푸른 수박 무늬로 출렁거리는 것을 나는 우쭐거리며 바라보았지요.

우리 아버지보다 더 위대한 아버지는 없을 거란 말을 방학 그림일기에 적어두었죠.

아버지 3
― 자전차 구급대

국민학교 3학년 어느 겨울 아침이었습니다.
밤새 기침을 하고 신열이 끓어올라 제 숨이 깔딱거렸습니다.
종합병원 응급실은커녕 동네 의원 약국도 귀하던 시절이였지요

식전에 날이 밝자마자
아버지는 자전차 뒷자리에 나를 태우고
사동 부동교 지나 금동 협화의원으로 눈어름길을 매우 빠르게 달렸습니다.
나는 자전거 바퀴의 치익치익 소리와 떼까치 소리가 무서워
땀으로 젖어가는 아버지의 얇은 등을 두 손으로 꼭 붙잡고 있었습니다.

의원 문 앞에 닿자마자 들쳐 메고 들어가 진료실에 눕혀 놓고 흰 입김을 무쇠밥솥 수증기처럼 내뿜었습니다.

"우리 막둥이 좀, 제발 살려주시게!"

아버지 국민학교 동창인 의사 선생님은 입안에 체온계를 넣어 열을 재고 청진기를 대서 폐의 상태를 살피더니 찡그린 얼굴로 귀한 페니실린 주사 한 방을 놓아주셨지요.

"좀 심하지만 주사 주었으니 지켜보시게."

현기증에 어질어질했지만 아버지 얇은 외투를 입은 내 가슴팍에서
 갓 구운 붕어빵과 땅콩 봉지를 감싸서 집으로 가지고 돌아오던 아침은
 폐렴으로 여의도 성모병원에 입원했다 살아난 딸아이의 아버지가 된 나에게
 그날 아버지 등을 적시던 땀과 따뜻한 체온의 자전차 뒷자리는 녹슬지 않고 있지요.

아버지 4
– 태양을 쏘다

누가 먼저 일어나 남동집 텃밭에 나오는가를 두고
아버지는 날마다 젊은 태양과 싸우셨습니다.

마당에 풀들이 가난처럼 돋아 올라왔을 때 이기셨고
약주를 노을만큼 시뻘겋게 드시고 오는 날은 지셨습니다.
하지만 아버지는 비 오는 날만은 삶의 여유를 찾기 위해 꼭 비기셨습니다.

초여름날 아버지가 나팔꽃을 브로크담장에 대나무 사다리로 올려두었을 때부터
태양은 나팔 소리에 맞춰 붉은 제복을 입은 근위병으로 씩씩하게 등장해야 했습니다.

따따따 따따따 나팔 붑니다. 우리들은 동네 음악대!

그때마다 나는 빛바랜 민소매 런닝셔츠 바람으로 으슥거리며
태양을 향해 주먹나팔을 불며 나팔꽃마냥 한껏 쟁그러워했습니다.

아버지 5
– 구구단을 외자

 아침 햇살이 나무 마루에 기웃거릴 무렵 아버지와 둘이서 겸상을 했습니다. 노릇노릇 윤기가 나게 잘 구운 오사리철 통통한 한 마리의 조기에 눈이 갔습니다. 마음과 달리 얼가리김치 앞에서 놋쇠 젓가락은 자꾸 헛발질을 하고 있었지요.

 고놈 참! 하며 꼬랑지 쪽 살을 뚝 떼어주셨습니다. 무릎 꿇고 앉은 길고 저린 밥상의 시간은 단 1분 만에 뚝딱 지나갔습니다.

 "오늘 저녁 먹기 전에 7단을 외자!"

 해거름 무렵까지 자치기와 딱지치기와 구슬치기로 흙범벅이 된 나는 누이의 손에 끌려 들어가 매운 예쁜이 비누 세수를 당했지요. 얼굴을 닦아주던 누이가 "7단 다 외었어?"라고 뜬금없이 물었습니다.

 "아차!"
 "오메, 너 오늘 경치게 생겼다이!" 눈을 때알처럼 동그랗게 뜨고 쳐다보았지요.

 어제까지 육단을 수월하게 외웠으니 7단 정도야 하고 덤벼들었으나 마루에 해의 발자국이 사라질 무렵이라 아버지는 곧 들어오실 거고, 그놈의 78의 56은 54가 되었다 56이 되었다 시계추 붕알처럼 왔다 갔다 하니 혀가 마를 지경이었지요.

 "고얀 놈! 이 애비 말이 허투루 들리더냐!"

 종아리에 대나무 회초리가 두 줄을 시뻘겋게 긋고 지나간 다음에야 귓바퀴를 울리는 굵고 노한 소리였지요.

 "아이구, 아부지! 담부턴 안 그럴께요…"
 "내일은 7단, 8단이니께… 막둥이 니 잘 알아 들었제에?"

 방 한구석에서 눈물이 이 소리를 들었는지
 "네, 아부지!"가 다 타버린 조기 꼬랑지처럼 바슬바슬 힘없이 부스러지고 있었습니다.

아버지 6
- 막걸리를 위한 변명

대낮이었는지 모른다. 술도가에서 막걸리 한 주전자 사오라는 심부름이었다. 오른손에는 지폐를, 왼손에는 구리 동전을 쏙 쥐고 나갔다. 골목길을 담비 날 듯 지나쳤다.

막걸리 주전자는 남동 인쇄골목을 지나오자 내가 아무리 머리에 핏줄이 돋도록 용를 써도 점점 팔을 고문하기 시작했고, 혼자 트위스트를 치다 안 되겠는지 자꾸 땅바닥으로 내려와 지루박을 쳤다. 이 소동으로부터 주전자를 진정시키는 일은 내 주둥이밖에 없을 것 같았다.

처음엔 망설였으나 홀짝홀짝 입술을 적시고 얼마지 않아 희한하게 한여름 아이스께끼와는 다른 시원함이 목구멍을 타고 줄줄 넘어왔다. 오오, 캬아!

주전자는 제 몸무게를 찾았는지 이제 한결 가뿐했고, 내 발걸음도 검정고무신이 벗겨질 듯 말 듯하니 신나게 골목을 되밟았다.

니가 오다가 솔찬히 거서기 했는갑다~잉!

저녁 놀처럼 볼이 쪼까 볼그작작해진 줄도 모르고
저두 몰라요, 준 대로 받아 냅다 달음박질했당께요!

인석아, 그게 말이야 막걸리야. 떼끼 순~!

아버지 7
– 사랑이란

 남동 우리 집 해는 단층 양옥집 가운뎃마루 아침 밥상머리 아버지 놋그릇 밥 위에서 노랗게 떴지요. 처음에는 흰 고봉쌀밥 위였으나 작은형과 나의 눈과 입을 본 뒤 어머니가 해 뜨는 자리를 안으로 더 깊숙히 옮기셨지요. 어린 식솔들에게 숨기려고 숨기려 해도 해도 노오란 어머니의 마음은 감출 수도 멈출 수도 없었나 봅니다.

 보리쌀밥과 총각무우 한 종지 놓인 다른 상자리에서 어머니는 참지름에 쪽파 쫑쫑 썰어넣은 양념간장을 쓱쓱 비벼 먹고 있는 아버지만을 슬쩍 보셨을 겁니다. 옆의 크고 작은 눈빛들을 애써 모른 체하고 잘 비벼 아내 앞에서 맛있게 먹어야 아버지의 사랑이 완성됨을 나는 왜 그때 몰랐을까 몰라요. 떡국 먹으며 아버지 나이가 되기만을 세고 있었으니까요.

아버지 8
- 부저 소리

 아버지의 희망은 해 뜨기 전에 우리들이 일어나서 국민체조를 하는 것이었습니다. 부엌 옆방에 반듯한 나무 책상과 의자 두 조를 사서 넣어주며 나와 작은형의 새벽 기상을 재촉하셨습니다. 올해 산포 작은댁 조카들이 광주 명문고와 교대에 진학하자 조바심과 부러움과 회한은 아버지의 어깨를 검은 무쇠 솥뚜껑처럼 누르기 시작했지요.

 아침잠이 없는 아버지와 늦잠을 자고 싶은 두 아들들은 날마다 숨바꼭질을 했습니다. 싸늘한 새벽 바람으로 깨워서 책상 앞에 앉혀 놓으면 얼마지 않아 작은형과 나는 두더지 새끼처럼 이불 속으로 파고 들었지요. 늦가을 새벽에 방의 연탄불을 빼고, 큰 소리 지천을 들어도, 앞마당 뽐뿌에서 물 받아 이불에 찌끄러도 잠은 아버지 거센 팔뚝과 의지를 번개소년 아톰처럼 이겨냈습니다.

 어느 초겨울날은 자다 6·25전쟁이 다시 난 줄 알았습니다. 새벽 4시에 갑자기 우리 방에서 대포 소리만 한 부저가 삐익빅! 연달아 울렸지요. 눈꼽도 떼기 전에 아버지가 방문을 벌컥 여셨습니다. 눈빛이 여름날 백사장 따거운 햇빛이었지요. 큰방에서 누르는 초인종은 새벽 공기를 가르는 필살기였으며, 아버지가 거둔 일방적 승리의 함포 소리였고, 학기말 성적표가 집에 도착해서야 1차 포성은 겨우 멈췄습니다.

노란 생고무줄보다 질긴 아버지의 부저 소리는 새벽눈이 어떻게 장광 옹기들을 하얀 눈사람으로 만드는지를 알려준 서정적인 나발 소리였고, 미래의 아버지들에게 새로운 가정독본 한 권을 선물하는 축제였으며, 남동 인쇄골목을 모두 깨우는 고고성으로 인쇄된 복음이었는지 모릅니다.

아버지 9
– 도구의 가난

아침마다 손톱만 한 구멍이 뚫린 런닝구 바람으로
산수동 골목길로 마실 나가며
한쪽으로 기울어 더욱 빈곤한 어깨만 실컷 보여주었지요

에헴에헴!

도꾸만 알아들었는지 꼬리 흔들며 따라나섰습니다.

아버지 10
- 육회

스물아홉에 늦제대하고 이듬해 교직에 들어갔다가
저는 6개월만에 전교조 교육민주화운동으로 강제 해직 당했지요.
친구 찬흠이의 도움을 받아 낯선 서울 학원에서 휴일 없이 서툰 선생하다
몇 해 만에 노원구 하계동 낡은 소형 아파트 전세를 구했지요

그 소식을 전해 듣자
사흘 뒤 토요일 오후에 상경한다는 기별 오고
해거름 전 서울역에서 뺙구두 뺙바지에 중절모 쓴 아버지를 모시고 왔지요

저녁에 뭘 자시고 싶으세요?
그냥 나랑 쏘주 한잔하자.

집 근처 정육점에 가서 당신 좋아하는 육회용 소고기를 사서
배 채 썰고 달걀노른자에 참기름 올려 비벼드리니

쏘주 한 잔이 한 병으로 붉은 노을처럼 기다랗게 누워 있었지요

니, 고생했다!

이 말 한마디에 지하 셋방 곁방살이, 뜨거운 태양의 옥탑방 시절들이
목이 메지도 못하고 식탁 위에서 검은 차돌처럼 묵묵히 가라앉았지요
아버지는 붉은 눈 주름진 손으로 말없이 내 손을 쥐어주셨지요

이젠 괜찮아요.
사람은 자기만의 옷을 만들어 입고 살아야 한다고 그러셨잖아요.

아버지 11
- 라디오 연분

습관은 법칙을 낳고
법칙은 습관을 낳았다.

저녁 아홉 시는 우리 집 취침시간이었다.
14인치 흑백TV도 잠을 자야 하고
큰방 아랫방의 온 식구들도 자야 했다.

새벽의 통금을 깨버리는 것은
순라를 도는 야경꾼의 팔각 박달나무방망이 소리가 아니었다.

목침을 베고 단잠을 다 잔 아버지는
꼭두새벽부터 금성 트랜지스터 라디오 볼륨을 높여 듣기 시작했다.

워매 시끄러워 죽겠소. 압씨* 생각만 허들 말고 잠 좀 자잔께요
어머니의 볼멘소리도 어느새 라디오 소리에 맞춰 새근새근

아이구 징그러워. 그놈의 유튜브 소리 때문에 잠을 못 자겠네
 생긴 것도 그렇고 라디오도 그렇고 어쩌면 아부질 똑 탁했소

 아내의 지청구를 귓등으로 넘기며 비몽사몽 하는 사이, 베개 옆에서 아내의 숨나발이 고르랑 고르랑

* 전라도에서 아내가 남편을 지칭하는 말.

아버지 12
– 복인福人

사람은 말년 운이 좋아야 한단다…

어머니 대청마루에서 풀 먹인 이불 호청 다듬이질하며
늘 하는 말씀이었지

돌아가신 여든의 아버지는 복인이었을까

미관말직조차 없으니 위세도 부리지 못했고
고조부까지는 손꼽는 광주 대갓집 부자였지만
노름으로 다 말아드신 조상님 덕에 짜그러진 집안을 물려받았고
건강하던 몸 하나는 예순 무렵부터 종양에 투병 중이었고

3대 독자 종가 맏이로 태어나 아우를 생각하는 마음이 남달랐고
말솜씨 좋아 어지간히 꺼내서는 당해내기 쉽지 않았고
친척 조카에 사기당해 집안이 휘청여도 크게 원망치 않았고

장성한 자식은 3남 3녀
내노라 출세한 아들이 없어 지들끼리 고만고만 먹고 살고
큰부잣집으로 시집간 딸도 없어 그냥저냥 착실히 살림하며 지내고
일편단심 때깔 곱고 솜씨 좋은 나주역장 딸인 아내가 있었으니

아버지는 운이 좋은 복인이었을까

아따마시,
내 이름이 남쪽 동네에서 복이 있어라 해서 복낸福男이여
아니 최고로 말년 복이 있는 사내라서 복냄福男이라 이 말이여

이러고 안방에서 헛기침하시며 계실랑가?

제4부

섬진강 가에 벚꽃은 피었으나

산수유須臾 열매

노란 화엄華嚴으로 만발하던,
태양의 붉은 뼈 몇 남아 풍경처럼 달려 있다

싸락눈에 연기 사라지는 초저녁 영혼이
고통의 가지 끝에서 고요처럼 마르고 있다

벚꽃 싸이렌

아가씨들 온통 벙글어지네요

하하하- 호호홋

급히 싸이렌이 터지지요

여기저기 꽃불입니다

앗! 올 봄 더 크고 세게 번지겠습니다.

봄밤 참참 길겠습니다.

섬진강 가에 벚꽃은 피었으나

담양 단오네 삼밭 들녘 위에서
구례 태웅이네 호박들이 세 들어 사는 지붕 위에서
벌교 안수네 살구나무 가지 위에서
무등 서석대에 피는 돌얼음꽃 위에서
태양이 떠오른다

오늘은 봄산 구름을 타고
기대하지 않았던 사람에게서
염려를 꾹꾹 눌러 담은
꽃편지가 왔다.

섬진강 가에 천하일경 벚꽃이 피었으나
올해 한 번만 제발 귀경 오지 말아 달라고

경운기 다닐 남의 동네 길바닥에 차들 비싼 휘발유 버려 가면서
나래비 서서 오도 가도 못 하게 서 있는 것도 그렇고
농사짓는 우리는 새북부터 쎄빠지게 일해야 먹고 산다고
우리도 도시 한량처럼 봄꽃 유람하며 살고 싶다고

애호박찌개

초여름 구례 지리산판 일용일잡이로 나선 시인 태웅이네
담장의 황금빛 호박꽃도, 넌출의 춤사위도 부러워서
페북에 좋아요를 꾹 누르고 난 뒤에도
솜털 뽀숭한 주먹때기 애호박 한 알이 짜장 신경 쓰인다.

어째 볼 수 없는 사진이지만 손 탈까 봐

.
.
.

아심찬하게 어슴버슴 빗소리 들으며 골똘히 앉아 있는데
텁텁한 막걸리 같은 남저음 전화 목소리
– 어쩌겠어? 애호박돼지찌개나 해 먹어야제

고것 참!

무정식당 살구나무

봄날 화려하게 선계의 입구를 보여주더니
무정식당 문을 닫는다는 말이
살구 나뭇가지 끝까지 소문이 났나
울음 같은 푸른 열매 몇 알만 매달고 서 있네

사람은 무정해도 그대는 유정해서
꽃그늘로 잎그늘로 그 자리에 서 있구나
돌아올 봄날을 기다리며 묶인 백구처럼
녹슨 철문과 금 간 담벼락을 지키고 있구나

아침나절 논답길로 지나다니는 읍내 사람들에게
반쯤은 좀먹은 흑백사진 속 얼굴들이 그렇듯
담장 아래에 노랑 추억의 열매 한 알씩 떨궈주겠구나

 무정식당 앞 나는 이제 씨앗을 주워 말리는 낫세*가 되었지

* 나이의 전라도말

지거재智居齋 일박

화순 연향리라 했다.
몇 날 몇 달 걸려 손수 목재 사다가
틀거리 잡고 벽과 바닥에 황토 발라
사람다운 사람이 살 만한 집을 짓고
주인 안수시인은 지거재라 이름하였다.

게서 마냥 자고 싶어
한 번이라도 누우면 매처학자가 될 것 같아
겨울 시모임 장소로 쓰자며 조르고 졸랐다.
안쥔은 백제 미소를 그득하게 띠며
만연사 막걸리와 수육과 연밥을 잔뜩 내왔다.

시보다 아름다운 솜씨다 마음씨다며 상찬한들
 그 말이 부처님 귀에 애기동백 꽃잎의 서설만치나 쌓이기나 했을까?
배는 불러 늦밤 방문 열어 보름달빛 보니
보리의 마음이 풍덩 거기 떠 있었다.
지거재 같은 큰별자리 한 채가 빛나고 있었다.
그 별 속에 매처학자가 살그락 거닐고 있었다.

십 년이 지난 지금도
구들장 아랫목 같은 뜨끈한 마음이 지겨지고 있다.
찬 손 한 번 다시 집어넣고 싶은 햇솜 이불이 펼쳐져 있다.
화순 연향리라 했다.

가래 5형제

　담양 강신보 수바래에서 한날한시에 태어났지.
　아침마다 가시연꽃이 피우는 노오란 물소리를 듣고 자랐지
　가끔씩 한 시인이 와서 저녁 대신 시를 읊어주었어.

　딱딱한 껍질 속의 감정은 두 개,
　봄햇살 아래의 연둣빛 둥근 수줍음과
　강쟁 들녘에서 곁고틀며 목소리 굵어진 당당함을
　여러 갈래 굴곡진 내면 속에 골골이 새겨넣었지

　지난 여름 대홍수의 넘실거리던 비명을
　둥치 안 나이테 한 줄 속에 깊이 남겨두고
　새벽 어둠 속에서 돋아오른 영혼의 피는
　초가을이 오자 암염처럼 하얗게 말라갔어

　누군가는 이 가문의 옹고집을 깨자며
　힘껏 두드리는 마치에 파~~삿!
　한순간에 스러지는 태양의 아이들이라 하더라도
　따로 또 같이 수풀 속 여기저기 굴러다니며

둥글둥글 생긴 대로 생글방글 웃을 것이네.

생각은 달라도 서로 몸피 다르락 부딪히며 윤이 나겠지.
윤이 나다 못해 봄날 참새 소리 같은 혀를 날름거리며
두 눈의 동그란 동공에 작은 떡잎으로 피어오를 것이네.

살구나무 순례자를 위하여

담양 강쟁말 강신보 가래나무 시인 김성중은

무정식당
황금소나무식당
감나무집식당
관방제림 주차장
동정자마을 빈집의 살구나무에게
아침마다 두 손 문안 인사를 올린다

봄날 살분홍 꽃망울이 잡힐 때부터
죽향막걸리 한 사발 들이켠 듯
발그레레한 얼굴로 소걸음 살풋 재재거린다.

열매가 보드라운 황금알로 매달릴 때
늙은 소년의 눈과 손이 땅바닥을 황홀히 쳐다볼 뿐,
근처 유재들이 장대로 후려치고 가지째 꺾어가도

허허헛… 고것 참 고약하네! 선수 친 사람이 임자지 뭐.

남사스럽게 좀스럽게 행운을 애걸복걸하지 않는다.
이슬바람이 살짝 떨구고 가면
새벽 사원을 찾은 행복한 순례자처럼
살금살금 어린 태양들을 모셔올 뿐이다.

올해 천여 개 살구씨 거진 절반은
하마
벌교뜰 안수 동상한테 주기로 약정이 잡혔나 보더라.

목화식당 생각

갑재기 꽃철 3월에 눈이 내린다
늦저녁에 눈길이 영판 매끄럽다

이 눈이 장독대 위에 쌓이면
낼 하고도 모레 글피까정
목화식당에선 죽순된장국이 보글보글 끓겠다
봄똥무침 한 접시면 봄빛이 마냥 따뜻해지겠다

연애하고픈 목화는 시방 바쁘다.
낼 아침 일찍 하얗게 읍내로 나가봐야 쓰것다.

눈 살째기 뒤집어쓰고 있는 은단풍나무꽃이
백화처럼 볼우물로 웃고 있을랑가 몰라.

300번 버스 담양 가는 길이 암만 미끌거려도
멸치젓갈 내음 큼큼 아침 밥상 한 그륵은 묵으러 가야제.

* 백화 : 황석영의 「삼포 가는 길」에 나오는 여자 주인공.

속초 바다

물회의 매콤달달함이 시원하게 흐르는 바다에
아바이 명태식해가 노을처럼 삭아가는 바다에
줄배 타고 줄서서 입맛 다시러 온 게 아니라네
설악도 청초호에 저물어서 깊어갈 무렵
어둠 속에서 갈매기 춤사위 희게 반짝일 무렵
나는 혼자서 검푸르게 깊어질 수 없구나
나는 모래알처럼 하냥 부드러워질 수 없구나
해변에 앉아 별 하나를 고독처럼 세고 있을 때
밤파도가 모래밭에게 낮은 목소리로 함께 뭉그러지자 할 때
흔들리는 나무 의자에 반달같이 비스듬히 앉아서
사랑하는 사람의 눈 속에 피어오르는 수평선을 바라보자
저기 등댓불은 수런수런 꺼졌다 켜졌다 하는 것을
파도 소리 따라 별빛도 일렁일렁 켜졌다 꺼졌다 하는 것을
나는 젖은 속마음을 바람에 북어처럼 말리느라
그대와의 단 일 초, 그 입맞춤이 영원함을 알아채지 못했구나
속초 바다여!

소돌 바다

아침 바다는
파란 색연필로 한 줄 길게 그어두었다.

그 희망의 선을 향해
젊은 연인들이 손잡고
갈매기 발도장 찍은 모래밭을 걸어 나간다.

해변에서의 짧은 포옹은
하얀 몽돌처럼 둥그렇게 빛난다.

이제 동해 밤바다에 파도 좀 몰아치겠다.
방파제 등대에 불을 밝히지 않아도 되겠다.

바다의 시간은 거기에서 오래 멈추리라.

* 소돌 : 주문진에 있는 해변으로 '아들바위'가 유명하다.

제5부

곶자왈 숲에 스미다

두모악

삼달리 빤질한 나무문을 여니
제주의 성난 바람들은 모두 거기에서 궐기하고 있었다.

가끔씩 억새들이 심한 비트춤을 추었고
늙은 오름들이 루게릭 같은 구름의 고삐를 붙잡고 있었다.

성산포에 노을이 조릿대길과 함께 누울 무렵
검은 벙것*을 쓴 김영갑이 카메라 삼각대를 메고
중산간에서 갈기 세운 조랑말처럼 걸어 나오고 있었다.

이제 쓸쓸하게 눈이 와도 좋겠다.

* 벙거지.

각재기국

전갱이 그 비린 걸 국으로 먹는다고?

보리된장에 배춧잎 통째 넣고 슴슴하게 끓여

한여름에 곤밥* 말아 해장으로 한 그륵 잡솨 봐 해도

다랑쉬굴 흰 밀감꽃 무더기 진 춘사월에

생비지땀 흘리는 순이 삼촌에겐 비린내 날 리 없구 말구.

* 흰쌀밥.

정방폭포

인人

생生

정正

직直

누가 굵은 추사체로 서귀포 바다에 일필휘지하고 있나?

곶자왈 숲길을 걸어보셨나요?

검은오름 돈내코 한라산길을 오르고 나서
제주에 더 이상 볼 게 없다 할 때
오메기떡 몸국 자리돔물회 갈칫국 먹고 나서
더 이상 먹을 것도 없다 싶을 때
곶자왈을 가볍게 둘이 함께 걸어보세요.
울퉁불퉁 돌길에 불화통을 던져두고
테우리길을 걸으면서 지루하고 삭막한 시간을 태우고
오찬이와 환수기가 사랑을 나누던 길을 돌고
화산송이 깔린 빌레길을 혼자서라도 걸어보세요
돌고 돌다 보면 제 자리 길로 가겠지만
지금은 등에 땀을 흘려서라도 걸으며
나무들의 이름을 초록 마음으로 불러주세요.
멀구슬나무 구실잣밤나무 종가시나무 푸조나무
하나하나 혀 끝으로 부르다 걷다보면
어느새 하늘은 나뭇잎 속으로 사라지고
옆에 있는 사람도 숲길 속에서 보이잖고
오로지 땀 흘리며 서 있는 나만 남을 때
당신은 비로소 곶자왈숲에 와 있는 거예요
그러면 이제 당신은 누군가의 말 없는 곶자왈이 되어

돌 틈에서나 넝쿨나무 사이에서나
가는쇠고사리 연푸른 잎새들 속에서나
맑은 물 맑은 공기 송글송글 내뿜으며
무거운 어깨를 사랑의 말로 두드려주며
낯선 시간의 파란 숲길을 보여주고 있을 거예요
누군가로부터 위로의 말을 나즉나즉 듣고 싶고
넓은 치유의 잎들을 손으로 쓰다듬고 싶을 때 당신은,
곶자왈 걷자왈 하며 다시 가고 있을 거예요.

303호실의 바다
– '제이팜'에서

세상 일로
가슴 치며 답답할 때
누군가에게 짙은 하소연을 하고 싶을 때
303호실 창문 커튼을 열고
멀리 말없이 혼자 푸르른 제주 바다를 보라

파도는 시나브로 발밑까지 밀려와
갈가리 찢겨진 마음을 어루만져줄 것이다.
녹슨 대문 같은 생각들을 푸르게 칠해줄 것이다.
멈춰 선 시계 같은 삶을 알록달록 맞춰
너의 심장이 다시 뛰도록 해줄 것이다.
며칠을 그냥 서서 바다를 보다 보면
호박된장국에 보리밥을 먹더라도
사람들이 점점 이뻐 보이고 사랑스러워질 것이다.

어느 날 뜨거운 태양 같은 마음을 데려와
303호실 창문을 열면
어느새 너의 바다는 가슴쯤에서 출렁거릴 것이다.
빨간 칸나꽃이 핀 바다는,

밀감이 파랗게 열린 바다는
마른 너의 온몸을 푸르게 푸르게 적셔줄 것이다.

가파도와 마라도

둘은 아무런 관계가 없어요
연인으로 보든지
형제자매로 보든지
그 어떤 만남으로 보든지
그것은 당신의 상상일 뿐이지요.

그러나
가파도와 마라도 둘레길을 걸어보고
어떤 관계도 상상하지 못한다면
당신은 바닷가 죽은 조가비 껍질과 다르지 않겠죠.

아무런 상상이 없다면
우리는 누군가를 만나고 헤어질 이유가 없어요.
마음의 거친 바다에
어느 날 저녁부터
세상에 하나밖에 없는 그리움의 별이 뜨고
흰 등대와 수평선과 함께 토닥이며 밤을 지새우고
높은 고통의 파도에 휩쓸리는 것을 알지 못했겠죠.

한순간이라도 상상할 수 없었다면
당신을 가파도
나는 마라도라 생각하고
반나절 동안 둥근 바닷가를 돌지는 않았겠지요.
아기 태양이 몰래 자라는 금계국 꽃밭에서
향기롭게 피었으면 하는 오십 년의 약속을,
남은 근심 바람 숭숭 뚫린 구멍으로 날려보내는
얕은 밭담으로 놀멍놀멍* 살자는
다짐을 푸른 보리밭에서 하지는 못했겠죠.

아,
마라도여! 가파도여!
가파도여! 마라도여!
상상할 수 없다면 사랑할 수 없어요.
사랑할 수 없다면 그대를 상상할 수 없어요.

* '천천히'의 제주 토박이말.

땅콩아이스크림

우도에 가면
한여름 우도에 가면

운명선 같은 태양의 길을 뜨겁게 걷든
스쿠터 타고 해안도로 시원히 한 바퀴 돌든

검멀레해변에 이르러 목 안이 텁텁하다면
꼬불꼬불한 이 바닷길을 더 오래 사랑하고 싶다면
땅콩아이스크림 한 개를 꼭 먹어보게

정신없이 먹다 머리가 띠잉 할 때
돌코롬한 천상의 세계, 우도를 만났음에 감사하게

그대, 지금 사랑하는 사람이
그 땅콩아이스크림이라는 사실을 잊지 마시게
심장을 평생 띵!하게 할 그 사람이 진심 우도일세.

서귀포를 바라보며

아침 바다를 봅니다
귤밭 아래의 서귀포를 바라봅니다

그는 아무 말 없이 야자수 아래
파란 모자 쓰고 기다리고 있지요

누군가 봐도 천지연에서 기다리고 있고
보지 않아도 엉또폭포에서 기다리고 있지요

수평선을 재며 날고 있는 갈매기보다
더 오래 용머리 파도 소리로 돌아오길 기다리고 있지요

동쪽 성산 일출은 홀로 빛나는데
닳은 조가비 얼굴을 하고 예서 뭘 기다리고 있나요

작은 돛배는 반짝이는 4월의 눈물들에 희살거리는데
산방산 서귀포는 누굴 더 오래 기다려야 할까요

추사관 앞에서

호사가들은
값비싼 추사 글씨를 탐내고
국보 세한도를 미학적으로 비평하고
다산과 초의와의 교유를 부러워하고
제자 소치 허련이 그린 초상화를 천복으로 생각하겠지요

지나가는 완상객인 나는
선생이 청의 학자 완원과 옹방강을 만나 필담한 일이 부럽지 않고
양반가 손꼽는 미식가이자 호불호가 분명한 성품이 부럽지 않고
유배와 해배 사이에도 붓을 놓지 않은 꼿꼿한 열정이 부럽지 않고

추사관 안 소나무 몇 그루가
졸박청고한 옛일과 옛정을 모두 잊어버리고
낮에는 대정 바다, 저녁에는 한라오름에서
제멋대로 불어오는 바람을 결대로 맞이하며 사는 것처럼

한지에 먹 스치듯 거처하는 것이 제일 복스러운 일이라 생각해요
 그게 환해풍파 세상에 얼마나 어려운 일인 줄 아냐며
 흰 수염에 하얀 버선발로 초당 툇마루에서 완당 선생이 뛰어나와도

무태장어

제주도로 신혼여행을 갔었습니다
언덕배기 자귀꽃이 아내의 눈썹만큼 예쁘게 피어 있었는데
천지연 폭포 앞에서 인생 샷을 찍으러 갔다가
폭포 떨어지는 물가에서 깜짝 놀랄 일이 생겼지요

갑작스럽게 어떤 검은 물체가 물속에서 나타났다가 사라지는데
순간 네스호의 괴물 형상이 공포와 함께 아악! 떠올랐지요
어른 팔뚝 두께만 한 뱀 같은 시꺼먼 몸에
앞지느러미를 귀처럼 펄럭이며 스륵 다가와
맑고 검은 눈으로 우리 부부를 쳐다보았지요
너무 괴기스럽고 순간의 일이라 비명을 칠 뻔했습니다

기념사진을 찍어주는 현지 안내인에게 물어보니
그런 걸 본 적도 없고 아는 바도 없다고 했지요
온갖 상상과 추측을 떨쳐내도 무섭기는 마찬가지였지요
잊지 못할 신혼 추억 하나쯤으로 생각하기에는 좀체 그

악스러웠지요

  한참을 잊었다가 그때 그 기억이 생각나서 알아보았더니
  그 녀석의 족보는 천연기념물로 지정된 천지연 토종 장어였어요
  구름 모양의 반점이 박힌 늠름한 무태장어였지요
  몇 년 후 다시 제주 천지연에 갔더니 그의 안내판이 붙어 있었지요

  아, 지금도 나 혼자 괴수영화처럼 놀라는 기억인데
  더욱 우리 부부를 더욱 놀라게 하는 것은
  그 무태를 양식에 성공해서 천연기념물에서 해제하고
  천지연 부근 식당에서 장어구이로 팔고 있다는 거였어요.

  깊이를 알 수 없는 것이 인간고래 뱃속이라 하던데
  묵은 악몽의 껍질마저 노릇노릇 구워버리는
  소금 반, 양념 반…

  여기요, 눈 쌓인 한라산 한 병 추가요!

발문

| 발문 |

모국어의 따스한 질감 속에 스민
우리 시대의 자화상

곽재구 시인

안녕, 승권.
보내준 시편들 잘 읽었다네.
옛날 생각 참 많이 났네.
시만 생각한다면 우린 참 좋은 시절에 살았네.

 1980년 봄날 신입생 환영식에서 우린 처음 만났네. 나는 시니어, 승권은 신입생이었네. 그 무렵의 신입생들은 기억에 유별났고 신기하기도 했네. 시를 쓰겠다고 마음먹고 찾아온 친구들이 스무 명도 넘었으니 호사로 치면 이런 호사가 어디 있겠는가? 우린 매일 만나 소주 먹고 막걸리 먹고 전날 쓴 시들을 함께 읽었네. 시를 읽는 동안에는 부끄러움도 선후배도 없었으니 그게 우리의 자랑이었네. 후배는 선배의 시를 읽으며 소주를 마셨고 선배는 후배의 시를 읽으며 막걸리를 마셨네. 생각나는가? 무등산 풍암정의 우리네 아지트. 김덕령 장군이 이십 대 혈기로 무예와 시문을 연마했을 그 자리에서 우리는 함께 밤을 지샜네. 몇몇은 시를 쓰고 합평을 하고 몇몇은 고스톱을 치고 몇은 바둑을 두고 몇은 후레쉬를 들고 캄캄한 계곡으로 나가 민물새우를 잡기도 했네. 찐게미라고 불리는 민물새우 잡는 것을 나는 좋아했네. 바위틈에 손전등을 비추면 녀석의 몸이 붉게 빛났고 어깨를 집어넣어 꺼내기만 하면 되었네. 식용유에 튀긴 찐게미는 소주 안주로 최고였네. 큰 양푼에 꽁치 통조림을 넣고 끓인 김치찌개는 항상 모자랐지만 시에 대한 이야기로 밤을 새웠으니 아침 녘엔 배고픔이 따로 없었네. 밤새 내린 비로 계곡이 넘친 날은 장대높이뛰기 선수가 되어 장대를 계곡에 꽂고 두 길 계곡물을 뛰어넘었으니 누군가는 신발을 잃고 누군가는 안경을 잃었어도 그 시간만큼은 아름답기 그지없었네. 어느 시절이건 못생기고 가난한 시쟁이를 사랑한 여인이 있었음은 삶의 신비이네. 나의 행운은 아니었으나 그 시절 무등산 깊은 계곡까지 프리지아 꽃다발을 들고 찾아온 아름다운 아가씨가 둘 있었음을 기억하네. 한 친구는 불문과에 다니던 우아한 여학생이었고 한 친구는 무등산을 오르내리는 시내버스의 안내양이었네. 불문과 친구는 마음이 깊었네. 우리 중 누군가가 그이의 아름다운 웃옷을 기리키며 저와 바꿔 입을 수 있을까요? 물었을 때 그이는 기꺼이 옷을 바꿔 입었네. 같은 날 둘이 찾아온 기억은 없지만 둘은 꼭 노란색 프리지아를 가슴에 안고 찾아왔네. 지금 생각하면 그들이 시의 여신 올페가 아니었나 하는 생각이 드네. 그중 한 친구가 찾아온 날이면 우리 모두는 동작 그만! 하고 주위 청소를 하고 새 쌀을 씻어 밥을 짓고 된장끼에 달래를 넣은 국을 끓여 드세요, 라고 말하곤 했네. 버스 안내양을 하던 친구는 고무밴드로 돌돌 묶은 버스표를 우리에게 전해주곤 했으니 그 버스표 덕에 우리는 무등산에서 광주 시내로 가는 12km 산길을 걸어가지 않아도 되었네. 그날 우리가 쓴 시 중에서 가장 아름다운 시를 그이들에게 읽어줄 수 있었으니 찔레꽃 향기와 같은 일이었네.

그때 5·18이 찾아왔네.
우리들의 시 쓰기는 멈출 수밖에 없었네. 고통이 없으면 어찌 꿈이 존재할 수 있겠는가? 목마름과 시련이 없는 시간이 어찌 시의 향기를 빚을 수 있겠는가? 우리들의 풍암정 시절은 그렇게 끝이 다가왔고 모두들 뿔뿔이 흩어져 더러는 야학을 하고 더러는 노동운동을 하고 더러는 교육현장에서 민주화운동을 하였으니 그 자체가 우리가 빚은 또 하나의 시 아니였겠는가? 사랑하고 그리워하고 목마른 시간 곁에서 우리는 시를 떠나지 못했고 절망 끝에 쓴 시들로 시인의 이름을 얻게도 되었네. 승권의 시 「겨울 수화」가

〈중앙일보〉의 신춘문예에 당선되었고 호균의 시 「세숫대야論」, 해철의 시 「영산포」, 졸시 「사평역에서」가 신춘문예에 당선된 것도 그 시절의 일이었네. 쓸쓸한 그 시절이 우리들의 영혼을 어루만져준 기억 아니겠는가? 시가 밥이고 꿈이고 사랑이고 진실이었던 시간들을 우리가 살아냈네. 시는 우리에게 천국을 오르는 벼랑이었고 지옥의 벽에서도 피우고 싶었던 꽃이었네.

어떻게 하다 보니

수채통 옆집에 세 들어 살아도

고개는 바싹 들고 할 말은 하고 삽니다.

빛방울만 몇 떨어진다면

물곰팡이 피는 시간도 구부려서

작고 노란 태양으로 한껏 펼쳐낼 수 있습니다.
─「민들레의 말씀」 전문

승권, 시집 첫 페이지에 실린 이 시를 읽네.

따뜻하네. 우리의 지난 시절 냄새도 나네. 민들레는 범상한 꽃이 아니네. 모든 꽃들이 피고 싶어하는 그 자리에 민들레는 피지 않네. 가장 허름하고 궁핍하고 시궁창 내 나는 곳이면 기꺼이 그 자리에 터를 잡네. 진짜 시 또한 그러하지 않겠는가. 남의 눈치 보지 않고, 기름기 반질한 기교를 거부하고, 외국 이론 책 몇 권 읽고 그것이 진리인 양 난해함의 바닷속으로 들어가 무식하게 떠들어대는 시는 시가 아닐 것이네. 이론이 태어난 그 나라에서 쓰인 시와는 차원이 다른 이야기네. 얼핏 난해하게 보이는 그 시편들은 그 나라의 삶과 예술·지혜·신화의 꿈을 새기고 있고 시가 지닐 꿈과 진정성의 호흡을 담보하고 있을 것이네. 민들레는 우리 마음의 꽃이네. 바람이 불어오는 곳에 서서, 더러는 쭈그리고 앉아서 사람 사는 세상을 바라보는 느낌이 있네. 온실에서 얌전히 자라 고상한 꽃다발로 팔려가는 꽃들과는 영혼이 다른 꽃이네. 풍암정 시절 우리가 꾸었던 꿈들, 우리가 쓰고 싶었던 시들, 민들레의 모습을 닮고 싶었던 것 아니겠는가.

쑥 톳 미역 우럭 장애 간재미 하네들이

몸뻬 다리를 꼬고 바다를 보며 한나절 나란히 앉아 머리를 푸르게 말고 있다.

여긔 오문 시상 엄니들 야그 다 돌돌 말려서 빠마된당
께라우

고구마 한 솥 나눠 먹은 노을 속 검은 날개 새 떼들은

흐린 유리창 밖 구불구불한 파도를 이고 주름진 고샅길
을 잘도 넘어간다.

- 「조도미장원」 전문

시 「조도미장원」을 읽네. 여기 모인 모국어들이 나는 참 좋네. 쑥떡 냄새도 나고 인절미 냄새도 나네. 먹는 것으로 비유해서 미안허이. 곡성 돌실나이 삼베 맑고 까실까실한 느낌도 있네. 해남 송지면 산자락 수수밭을 스쳐 지나가는 바람의 헤살거림도 있네. 요상한 이 말들이 어디서 왔나? 생각하는 이들도 있을 것이네. 하네는 할아버지(고장에 따라서는 할머니)의 전라도 사투리. 다정하고 그윽하네. 3행은 그냥 풀어 적네. 여기 오면 세상 어머니들 이야기 다 돌돌 말려서 파마 된다오. 이 뜻을 알고 다시 한 번 읽어보면 우리 모국어가 지닌 멋진 풍류의 한 가락이 절로 느껴지네. 이 시 읽으며 조도에 가고 싶었네. 조도 미장원에 찾아가 거기 모인 할마씨(할머니)들과 물새 소리 같기도 하고 파도 소리 같기도 한 세상 이런저런 이야기 나누고 싶었

네. 망둥어 회 한 접시 썰어놓고 고향 말로 실컷 이야기 나누다 오면 세상살이에 응어리진 속마음도 조금은 풀리지 않겠는가. 늙은이가 되니 참 좋네. 예전 풍암정 시절엔 이런 언어들이 시가 될 수 있다는 생각은 하지 못했지. 시방(지금)은 깨우침이 있네. 민들레 동그란 홀씨들이 바람을 타고 훠이 훠이 날아가는 느낌이 있네.

    그날부터 모두 다시 모이기 시작했어

    백두산 묘향산 개마고원 금강산이
    한라산 무등산 세석평전 설악산과 함께

    남남되어 돌아섰다가,
    북북되어 누웠다가,
    남남북북 남남북녀 되어
    서로 얼굴 마주 보고 웃으며 앉아 있었어

    다수운 남풍은 보리누름 때처럼 불어오고
    선선한 북풍은 어깨동무하고 밀려오는데

    (중략)

    푸른 도보다리 위를 거닐다가 앉았다 하는

두 남정네의 밀담을 오랫동안 귀에 담아두었어

내래 거저 아바이말만 믿갔서
맥지 이캐놨스니 단디 해라이

― 「푸른 도보다리」 부분

승권, 시 「푸른 도보다리」를 읽고 또 읽네.

얼빠진 인간들은 정치적인 시는 시가 아니라고 말하네. 정치가 삶의 산물이라는 것을 생각하면 시에서 정치의 냄새가 나는 것은 자연스런 일이네. 문제는 정치 자체가 시가 되어서는 안 된다는 것이네. 정치가 시의 소재가 되면서도 그 속에서 인간의 삶, 예술의 향기가 풍긴다면 그 시는 충분히 아름다울 수 있을 것이네. 네루다나 타고르의 시에서 정치적인 현실이 어떻게 인간의 꿈과 만날 수 있는지를 우리는 충분히 보아왔네. 김지하의 첫 시집 『황토길』은 척박한 정치 현실이 숨 막히는 서정의 아름다움과 어떻게 만나는지 그 가능성을 보여주었다네. 고은의 초기 시들은 아름다웠네. 「세노야 세노야」, 「가을편지」, 「작은 배」 같은 시들은 대중의 사랑을 받았네. 정작 그의 시편들을 대중들이 외면하게 만든 것은 「만인보」와 같은 후기시 작업이었네. 자신의 욕망과 정치적 색채들을 그대로 드러낸 시편들이 대중의 외면을 받았고 그가 염원하던 스웨덴의 문학상과도 거리가 멀어지게 되었네. 삶이 정치에 함몰되는 그 순간에도 시는 철저히 아름답고 진실해야 하며 더더욱 예술의 향기를 담보해야 함을 일깨워준 것이네.

도보다리에서 만난 두 사내의 추억과 상처는 내게도 깊게 남아 있네. 백두산 천지에서 부부동반한 두 사내가 천지와 백록담 물 합수식을 가졌고 평양의 대형 운동장에서 즉흥 연설을 하고 돌아올 때 우리는 잠시 망각했던 민족의 꿈에 대해 생각하게 되었고 우리의 미래가 미국이나 중국 소련의 힘에 의해서가 아니라 우리 자체의 힘에 의해 결정되어야 한다는 생각을 다시 할 수 있었네. 허망하게도 그 꿈은 무너졌네. 도보다리의 만남 이후 두 사내는 민족의 염원에 대해 아무 할 말도 없게 되었네. 남과 북이 강대국 사이에 낀 샌드위치가 아니라 샌드위치의 한가운데 자리한 패티의 역할을 할 수 있다는 것을 주장하기엔 두 사내의 현실이 너무 약했기 때문인지도 모르겠네.

시의 기본 정신은 자유이며 기존 질서에 대한 저항이네. 정치적 현실이 암울할수록 지금의 우리 시가 정치에 예민했으면 하는 생각이 내게 있네. 지난 1980년대 우리 시의 모습 속에 그 꿈이 살아 있었네. 신경림의 『농무』, 정호승의 『서울의 예수』, 김용택의 『마당은 비뚤어졌어도 장구는 바로 치자』, 박노해의 『노동의 새벽』 같은 일련의 시 작업들을 돌아볼 필요가 있네. 얼핏 정치 현실과 무관해 보이는 이성복의 『뒹구는 돌은 언제 잠 깨는가?』와 같은 시집은 시 정신이 자유이며 기존 질서에 대한 저항이라는 것을 깨우쳐준 구리거울이었다고 할 수 있을 것이네. 젊은 시인들이 우리의 정치적 현실을 깊고 예민하게 받아들였으면 싶네. 1960년대 김수영이 시여, 침을 뱉어라, 라고 외치던 그 시절의 향수가 우리 시에 다시 살아났으면 싶네. 한 번 끊긴 생명이 다시 살아나기란 쉽지 않은 일이네. 그래도 우리 시의 어딘가에 그 시절의 DNA는 파랑새처럼 남아 있을 거라는 생각을 하네.

> 눈 내리잖는 대설 저녁에
> 몇 번이나 추억처럼 데워 먹은
> 먹갈치조림을 식탁에 양은남비째 올려놓고
> 흐물거려 형체도 더 알아보기 힘든
> 한 덩이 무 조각을 들었다 놓았다 하다
> 반쯤만 나무젓갈로 갈라서
> 마른 제 갈빗대처럼 딱딱하게 굳어가는
> 한 숟가락 흰 밥덩이 위에 올려놓고
> 엉거주춤 앉아서 녹슨 입을 벌리다가
> 멜급시 사내가 짭쪼름하게 울고 있었네.
>
> ―「육십」 전문

울지 마소 승권. 왜 우는가?

비록 동학혁명이나 6·25는 겪지 못했다 할지라도 팔팔한 이십 대에 5·18을 겪어내지 않았는가. 그 속에서 시도 쓰고 사랑도 하고 이러구러 밥벌이하며 살아가지 않았는가? 그것만으로 조그만 자랑은 될 수 있을 것이네. 나이 육십이 되어 여전히 시도 쓰고 어떤 시가 좋은 시인가 생각도 하며 내가 일상에서 쓰는 상언이 보석 같은 시어가 될 수 있음을 깨달았으니 흙담 위에 노랗게 핀 호박꽃의 여유가 살아 있음 아니겠는가? 호박이 누렇게 익으면 가을이 깊어지고 밀가루와 팥을 집어넣어 죽을 쑤면 한 식구 모두 모여 따뜻이 숟가락 움직일 수 있음이니. 먼 데 사는 동무 불러 양은냄비에 먹갈치 조림 해놓고 밤새 두런두런 이야기하다 창호지 봉창에 새벽빛 다가오면 그것으로 우리네 삶도 깊어지는 것 아니겠는가? 울지 마소. 시 쓰는 이가 눈물을 흘릴 때는 오직 좋은 시를 쓸 때뿐이니 울면서 쓴 시는 다 진실한 시이네. 아침에 깨어 지난밤에 쓴 부끄러운 시들을 다시 읽을 때 눈물 흘릴 수 있다면 시 쓰는 이로서 그보다 행복한 일은 없을 것이네. 좋은 시집은 눈물을 흘리며 쓴 시가 반 이상 채워진 시집이라고 나는 생각한다네. 좋아서 울고 마음 아파서 울고 그렇게 눈물로 시집을 채운다면 그 시집은 지상의 독자들에게 기쁨과 사랑의 시간을 선물할 것이네.

승권, 두 번째 시집 원고 강을 따라 쉬엄쉬엄 걸으며 읽네.
40년 동안 두 권의 시집을 내는 것이니 부지런하였다고 말할 수 없을 것이네. 평생 단 하나의 이미지만 만들고 죽어도 충분하다는 에즈라 파운드의 말을 나는 좋아하네. 윤동주에게는 윤동주의 이미지, 백석에게는 백석의 이미지, 소월에게는 소월의 이미지가 남았으니 말이네. 무싯날 강산책은 시간 반 걸리네만 오늘은 한나절 걸렸네. 흐르는 물처럼 한나절이 흘러갔다네.

> 어머니는
> 흙바람 이는 돌담벼락 모퉁이길에서
> 하냥 기다리는 이유도 밝히지 않고
> 자석들 돌아올 허기의 초저녁을 위해
> 담홍빛 손전등 여럿을 벙글어 매달아 놓으셨지요.
>
> 악아, 살다 보니 시상에 골목이 이렇게 환한 날도 다 있서야.
>
> 어머니,
> 식구들이 돌아와서 아랫목에서 놋주발 밥그릇을 찾고 있을 때
> 십 촉 바깥꽃등을 노을 누운 저녁바다처럼 끄셨지요.
>
> 오메, 엄니 그때 맴이 어찌했스까요?
> 누추하지만 은근하게 서 있던 어스름 정제문 앞에서
>
> ―「능소화 통신 – 어머니 7」 전문

좋으네. 읽는 동안 마음 따스했다네.

능소화 핀 초여름 어머니가 돌담에 켜놓은 담홍빛 손전등. 이날 돌담에 피어난 능소화들은 어머니의 발자국 소리와 숨소리를 들으며 내내 행복했을 것이네. 어린 시절 우리 집은 돌담도 없고 능소화도 없고 골목길도 없었지만 돌아가신 어머니가 능소화 핀 저물 무렵 나를 기다리고 있는 환영을 본다네. 시가 지닌 이미지의 힘이란 이런 것 아니겠는가? 자신들의 이미지가 승권의 시에서 어머니의 손전등 불빛으로 살아나는 것을 안다면 시 속의 능소화들은 지상에서 머무는 내내 행복할 것이네.

눈은 어머니를 꿈꾸며 지상에 내려왔을까?

장독대에도 나뭇가지에도
갓 핀 매꽃에도 송이송이 맺혀 있다가
하얀 열정들이 쌓여서 더욱 싸늘해지면
모두들 이때쯤이다 싶게 길 한 모퉁이에
구름할멈 모자에 목도리 두르고 흐뭇하게 웃으며 서 있다.
웃다가 웃다가 슬픈 제 몸 녹아서 흥건한 기쁨으로 흐르더라도
골목마다 아이들의 작고 여린 노루 발자국들을 남겨 두

었다.

숯검댕칠한 눈을 살그마니 감으며 묻는다.
초승달 지는 새벽부터 대낮까지 처마 끝에서
한 방울 한 방울 떨어지는 처연함으로 매달릴 수 있겠느냐
그러겠노라며 건성건성 대답했지만
멈추지 않는 속 깊은 눈발 속에서
발이 오랫동안 쩍어쩍 얼어붙으면서도
턱조차 덜덜 떨리지 않는 속 깊은 그녀를 이길 수는 없었다.

어머니, 저는 어떤 눈사람을 꿈꾸며 내려왔을까요?
― 「눈사람과 나 ― 어머니 6」 전문

좋은 시를 읽는다는 것, 하나의 이미지를 추적하는 과정이기도 하지만 본질은 그 시가 지닌 영혼의 즙을 시인과 독자가 함께 들이켜는 것이라 생각하네. 세월 속에서 자신이 가장 사랑한 시간의 꽃들을 찾아내고 그 꽃이 지닌 그리움과 향기 속에 읽는 이를 서성이게 하는 것. 좋은 시가 지닌 본질의 힘일 것이네. 지상에 내리는 눈이 어머니를 꿈꾸며 내려왔다는 것, 시인이 쓴 어머니에 대한 최고의 헌사라는 생각이 드네. 어머니의 사랑은 그지없고 지상

을 하얗게 뒤덮는 눈발의 순결한 평화 또한 그지없네. 둘의 이미지가 겹치는 것을 지켜보는 순간 우리는 한 편의 시가, 하나의 이미지가 얼마나 아름다울 수 있는가 생각하게 된다네. 어머니, 저는 어떤 눈사람을 꿈꾸며 내려왔을까요? 지상의 모든 인간들이 자신이 꿈꾸는 눈사람을 생각할 수 있다면 지상은 신성을 지니게 될 것이네. 신의 도움이 없이 세상이 천국이 될 수 있음이니 시가 이 지상에 태어난 연유 아니겠는가? 우리 모두는 어머니를 닮은 눈사람이 되어야 할 것이네.

> 누가 먼저 일어나 남동집 텃밭에 나오는가를 두고
> 아버지는 날마다 젊은 태양과 싸우셨습니다.
>
> 마당에 풀들이 가난처럼 돋아 올라왔을 때 이기셨고
> 약주를 노을만큼 시뻘겋게 드시고 오는 날은 지셨습니다.
> 하지만 아버지는 비 오는 날만은 삶의 여유를 찾기 위해 꼭 비기셨습니다.
>
> —「아버지 4 – 태양을 쏘다」 부분

어머니가 하얀 눈송이들의 춤의 이미지를 지녔다면 시 속 아버지는 현실적이시네. 아침이면 남동집 텃밭에 누가 제일 먼저 나오는가 내기를 하는 아버지의 모습 속에 정밀

하게 계산된 인간의 꿈이 스며 있네. 남동집 텃밭에 제일 먼저 나오는 이 누구겠는가? 태양 아니겠는가? 부드럽고 따스한 아침 햇살이 제일 먼저 남동집의 텃밭을 찾아오지 않겠는가? 이른 아침 산밭에 찾아오는 아침 햇살을 바라보면 그보다 마음 편한 일 없을 것이네. 햇살 속에 바람이 불고 식물들이 조용히 춤추는 모습을 바라보면 우리가 꿈꾸는 세상의 밑그림이 그려진다네. 환하게 핀 꽃의 아름다움과 십리 멀리 날아가는 꽃향기의 아름다움. 자연은 우리가 꿈꾸는 아름다움의 깊은 속살을 조용조용 얘기해준다네. 아버지가 찾은 비 오는 날. 그날만은 무슨 내기에서도 꼭 비기는 날. 이날은 어머니의 눈 오는 날과 같은 이미지라는 생각을 하네. 비긴다는 것. 승부를 초월한다는 것. 승자도 패자도 우리 삶에서 삭제한다는 것. 그것이야말로 인간이 꿈꾸는 그리운 세상 아니겠는가. 신의 간섭에서 벗어난 인간의 시간. 이 시를 읽는 동안 승권 아버님이 평생 꾼 꿈의 이미지를 생각할 수 있었다네.

스물아홉에 늦제대하고 이듬해 교직에 들어갔다가
저는 6개월만에 전교조 교육민주화운동으로 강제 해직당했지요.
친구 찬흠이의 도움을 받아 낯선 서울 학원에서 휴일 없이 서툰 선생하다
몇 해 만에 노원구 하계동 낡은 소형 아파트 전세를 구

했지요

  그 소식을 전해 듣자
  사흘 뒤 토요일 오후에 상경한다는 기별 오고
  해거름 전 서울역에서 빽구두 빽바지에 중절모 쓴 아버지를 모시고 왔지요

  저녁에 뭘 자시고 싶으세요?
  그냥 나랑 쏘주 한잔하자.

  집 근처 정육점에 가서 당신 좋아하는 육회용 소고기를 사서
  배 채 썰고 달걀노른자에 참기름 올려 비벼드리니
  쏘주 한 잔이 한 병으로 붉은 노을처럼 기다랗게 누워 있었지요

  니, 고생했다!

  이 말 한마디에 지하 셋방 곁방살이, 뜨거운 태양의 옥탑방 시절들이
  목이 메지도 못하고 식탁 위에서 검은 차돌처럼 묵묵히 가라앉았지요
  아버지는 붉은 눈 주름진 손으로 말없이 내 손을 쥐어

주셨지요

이젠 괜찮아요.
사람은 자기만의 옷을 만들어 입고 살아야 한다고 그러
셨잖아요.

— 「아버지 10 – 육회」 전문

시를 읽는 내내 아버님의 음성이 들렸네.
그냥 나랑 소주 한잔하자. 지상의 아버지가 곤궁한 아들에게 건넬 수 있는 유일한 말. 아들이 만든 육회에 소주 마시며 건네는 말. 니 고생했다. 어떤 이미지도 쉬 따라올 수 없는 현실의 울림이 이 속에 들어 있네. 그 시절 우리 시대의 많은 아버지들이 아들의 선택을 인내하며 멍석 위에 앉아 지는 해를 바라보지 않았겠는가. 이젠 괜찮아요. 아들의 목소리도 조용히 들려오네. 뭐가 괜찮다는 것인지 알 수 없지만 괜찮다고 하니 괜찮지 않겠는가. 삶을 힘들게 선택하며 살아오고 그 속에서 아끼는 사람들과 된장국에 밥 말아 먹으며 지금까지 살아왔으니 아버지의 아들로서 괜찮은 모습 아니겠는가.

스무 살 청음정 시절, 나는 승권의 시가 썩 괜찮다는 생각을 하지 못했었네. 세월과 싸움하며 근사한 삶을 살리라는 생각 또한 하지 못했네. 오늘 승권의 시를 읽으며 승권

안에 삶을 많이 사랑한 어머니와 아버지의 모습이 짙게 새겨져 있음을 알게 되었네. 이 시집 속에 새겨진 따뜻하고 그리운 많은 시간들과 사랑의 모습, 아버지와 어머니의 이미지일 거라고 생각하네. 마음으로 쓴 두 번째 시집 따뜻하고 보기 좋았네. 축하하네.

2023년 6월 옥천강변 정와에서
곽재구

눈은 어머니를 꿈꾸며 지상에 내려왔을까?

초판1쇄 찍은 날 | 2023년 7월 4일
초판1쇄 펴낸 날 | 2023년 7월 12일

지은이 | 최승권
펴낸이 | 송광룡
펴낸곳 | 문학들
등록 | 2005년 8월 24일 제2005 1-2호
주소 | 61489 광주광역시 동구 천변우로 487(학동) 2층
전화 | 062-651-6968
팩스 | 062-651-9690
전자우편 | munhakdle@hanmail.net
블로그 | blog.naver.com/munhakdlesimmian

ⓒ 최승권 2023
ISBN 979-11-91277-70-8 03810

- 잘못된 책은 바꿔드립니다.
- 이 책 내용의 전부 또는 일부를 재사용하려면
  반드시 저작권자와 문학들의 동의를 받아야 합니다.
- 책값은 뒤표지에 표시되어 있습니다.